一代谋圣——张良

◎ 主编 金开诚

◎ 编著 管宝超

吉林出版集团有限责任公司

吉林文史出版社

**图书在版编目（CIP）数据**

一代谋圣——张良 / 管宝超编著 . 一长春：吉林
出版集团有限责任公司：吉林文史出版社，2010.11（2022.1重印）
ISBN 978-7-5463-4146-0

Ⅰ.①一… Ⅱ.①管… Ⅲ.①张良（？~前186）-
传记 Ⅳ.①K827=341

中国版本图书馆CIP数据核字（2010）第222294号

# 一代谋圣——张良

YIDAI MOUSHENG ZHANGLIANG

主编/ 金开诚 编著/管宝超
项目负责/崔博华 责任编辑/崔博华 钟 杉
责任校对/钟 杉 装帧设计/柳甬泽 王 惠
出版发行/吉林文史出版社 吉林出版集团有限责任公司
地址/长春市人民大街4646号 邮编/130021
电话/0431-86037503 传真/0431-86037589
印刷/三河市金兆印刷装订有限公司
版次/2010年11月第1版 2022年1月第6次印刷
开本/650mm×960mm 1/16
印张/9 字数/30千
书号/ ISBN 978-7-5463-4146-0
定价/34.80元

# 前 言

　　文化是一种社会现象，是人类物质文明和精神文明有机融合的产物；同时又是一种历史现象，是社会的历史沉积。当今世界，随着经济全球化进程的加快，人们也越来越重视本民族的文化。我们只有加强对本民族文化的继承和创新，才能更好地弘扬民族精神，增强民族凝聚力。历史经验告诉我们，任何一个民族要想屹立于世界民族之林，必须具有自尊、自信、自强的民族意识。文化是维系一个民族生存和发展的强大动力。一个民族的存在依赖文化，文化的解体就是一个民族的消亡。

　　随着我国综合国力的日益强大，广大民众对重塑民族自尊心和自豪感的愿望日益迫切。作为民族大家庭中的一员，将源远流长、博大精深的中国文化继承并传播给广大群众，特别是青年一代，是我们出版人义不容辞的责任。

　　本套丛书是由吉林文史出版社和吉林出版集团有限责任公司组织国内知名专家学者编写的一套旨在传播中华五千年优秀传统文化，提高全民文化修养的大型知识读本。该书在深入挖掘和整理中华优秀传统文化成果的同时，结合社会发展，注入了时代精神。书中优美生动的文字、简明通俗的语言、图文并茂的形式，把中国文化中的物态文化、制度文化、行为文化、精神文化等知识要点全面展示给读者。点点滴滴的文化知识仿佛颗颗繁星，组成了灿烂辉煌的中国文化的天穹。

　　希望本书能为弘扬中华五千年优秀传统文化、增强各民族团结、构建社会主义和谐社会尽一份绵薄之力，也坚信我们的中华民族一定能够早日实现伟大复兴！

# 目录

一、早期生活         001

二、反秦扶汉         027

三、再入关中         051

四、楚汉争霸         077

五、传奇人生         107

# 一、早期生活

## （一）锥击秦皇 圯上受书

据《史记》《汉书》等史籍记载，张良本为战国时期韩国贵族，其先人曾"五世相韩"，即张良的祖辈有五人先后担任过韩国的国相。其中张良的祖父相韩41年，其父则相韩46年，共连续担任过87年韩国国相，这在当时来说应该是名门望族了。至张良时代，韩国已逐渐衰落，并在公元前 230 年被秦国所灭。韩国的灭亡，使张良失去了继承父业的机会，丧失了显赫荣耀的地位，再加上对韩国浓厚而深邃的感情，故而他心存国仇家恨，立誓灭秦。

韩亡后，秦在韩地设置了颍川郡，并将郡治定在阳翟。不少韩国遗老靠着过去积攒的家产，安然度日。张良却无心过这种悠闲的生活，心想"好男儿志在四方，应该胸怀大志，济世扶危"，决心离开韩地出去闯闯。恰逢此时，张良的弟弟突然暴病而亡，他便再也没有牵挂。他埋葬了弟弟，然后将家产全部变卖，离开了生活了十几年的郑城。

张良向东南行

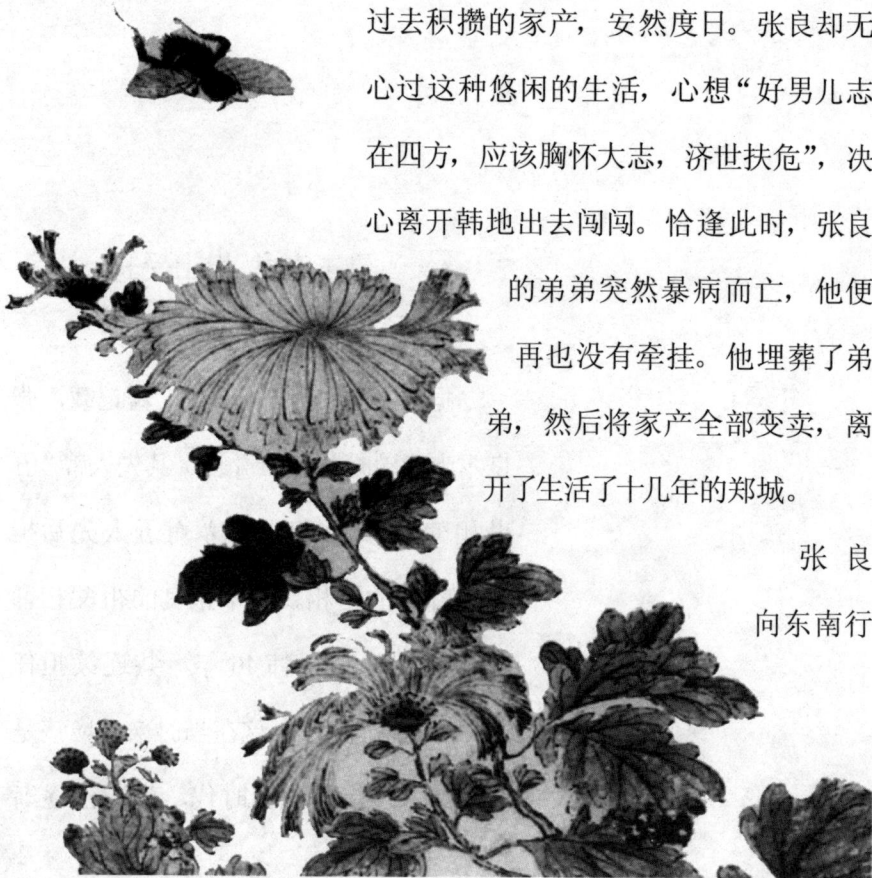

了约二百里，来到了陈（今河南省东部的淮阳）。见陈地城市不大，但经济繁荣，文化也比较发达，有不少文人儒士在这里办学讲礼。张良心想自己虽读过一些书，但父亲早丧，又连年战乱，无暇专注于读书，与朋友交往中已深感自己知识匮乏，于是决定在陈地拜师学艺，另一方面也寻访志同道合的勇士。

张良拜了陈地一名儒生为师，起早贪黑，专心致志，学到了不少知识，对当时盛行的儒家、墨家、道家、法家、

阴阳家、纵横家等各家的学说有了大概的了解。他觉得孟子的议论语言犀利，善于辩论；庄子的文章汪洋博大，想象丰富；荀子的文章气势磅礴，说理透彻；韩非子的文章峻峭犀利，锋芒毕露。但更令张良深感遗憾的是他没能读到过任何一本兵书。

转眼一年过去了。这天，先生把张良叫到跟前说："在我教过的学生中，你是最出色、最有抱负的一个。现在我所知道的差不多都传授给你了，你无须再在此空耗时光了，还是另请高明吧。"

先生顿了顿，接着说："在东夷的仓

海有我的一位好朋友，现在是秦朝的一名官吏，人称仓海君，他与你有同样的抱负，你去找他吧。"

张良也认为不能在陈地永远地待下去，便跪下磕头道："一年来，承蒙恩师倾囊教诲，学生受益匪浅，终生不忘。学生愿前往东海求教仓海君，待日后成就大业，再回报恩师。"于是，张良挥泪拜别了先生，朝东夷而去。

不日，张良来到仓海。这仓海本是一处海滨小镇，百姓多以打鱼为生。张良打听仓海君其人，竟无人不晓，人们对他争相称颂。原来，秦灭了六国以后，

派了许多人到各地做官。这些人多是一介武夫，并没有什么才能，但他们却以胜利者自居，作威作福，欺压百姓。仓海镇的秦吏更是残暴无比。仓海君本是当地一个富家子弟，很有头脑。他见秦吏横行，便在一天夜里将秦吏请到家中，用酒灌醉将其杀死，然后又把一贯与秦吏狼狈为奸的人打得半死，捆绑起来，作为杀死秦吏的凶手，押到郡所。郡守见"凶手"已经不省人事，便传来知情百

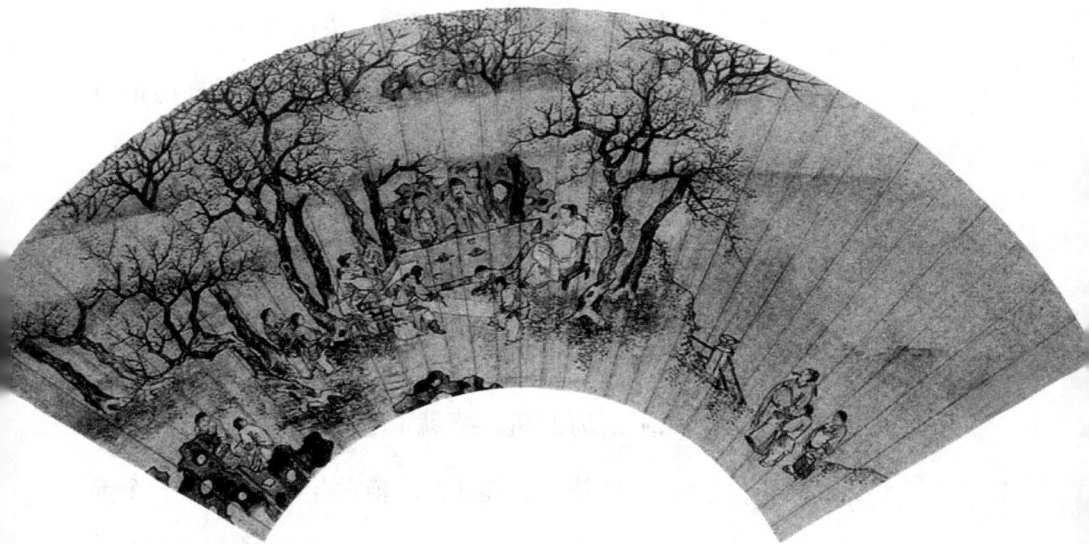

姓审问。乡亲们纷纷作证，说杀死秦吏
的正是这个人。郡守信以为真，下令斩首
"凶手"，并委任缉拿凶手有功之人为仓
海长官。从此，这仓海君的名字就传开了，
而他真正的名字却被人遗忘了。

张良见到仓海君，介绍了自己的身
世，转达了陈地老师的问候，说明了来意。
仓海君与张良一见如故，待他格外热情。
两人相谈甚欢，引为至交。谈及当今天
下形势，张良不禁怒骂秦始皇是个暴君，
说："秦始皇不除，天下就难以太平。"

仓海君也有同感，但他心有所系，道：

"像你这样的义士，实在可敬可佩。但我在这里冒着生命危险，保护这一方的百姓，也帮不了你什么。不过本地有个壮士，说不定能为你所用。"

仓海君饮了一杯酒，接着说："这壮士早年丧父，与母亲相依为命。常年出海打鱼，练就了健壮的体魄和剽悍的性格，力能千斤。前两年他正要娶一个渔家少女为妻，恰逢秦朝派的官吏来到此地，抢走了他的未婚妻。壮士找秦吏理论，却反遭一顿毒打。从此他不再打鱼，改

持刀卖肉，伺机报仇。后来听说未婚妻被送到秦都咸阳做了宫女，便一心想着闯秦宫，救出自己的未婚妻。如果让他跟随你，说不定能助你一臂之力。"

张良听罢，急求仓海君代为引见。于是，仓海君便唤来壮士。张良见这壮士身材魁梧、膀大腰圆、双目圆睁、动作敏捷，非常满意。仓海君则把张良的情况向壮士介绍一番。壮士不禁对张良万分佩服。两人推杯换盏，结为生死弟兄。

适逢秦始皇二十九年（公元前218年），秦始皇嬴政率大队人马，离京东巡。张良得知秦始皇将途经阳武，便与壮士特意锻造了便于投掷的铁锥，重百二十斤（约合今制五十斤），事先隐藏在博浪沙的树丛中。博浪沙在阳武县城南不远处，是一道沙丘，形似波浪，人称博浪沙。沙丘上长着一丛丛灌木，异常稠密，非常隐秘。

这天一早，壮士手握铁锥，在那树丛中隐蔽起来，直到中午，看到十几名武士骑马过来。他断定是皇帝的开路先锋，所以一动没动。又过了一会，大队车马行来，旌旗飘动，车声隆隆，尘土飞扬。眼见有一辆车子格外豪华，断定里面坐着的就是霸占他未婚妻的暴君秦始皇，壮士便憋足了劲，猛地站起，将铁锥投向那辆车子，然后转身穿过丛林匆匆逃离。

此时的张良镇定了一下自己的情绪，冷静了下来，对壮士说："此次无论击中与否，贤弟已经报仇雪恨，留下了千古美名。皇帝遭此一击，官府必定大肆搜捕，情况紧急，我们不能在此久留。你我就此分离，你先回仓海照顾老母，我也远离此地，另寻生路。"说完二人洒泪而别。

且说壮士的那一锥，正中那辆豪华的车子。但这是秦始皇的副车，并没有击中秦始皇。事后，秦始皇下令悬榜通缉刺客，张良不得不隐姓埋名，逃匿于下邳（今江苏睢宁北），静候风声。

一日黄昏，张良闲步沂水桥头，遇一穿着粗布短袍的老翁，手拄一根拐杖而来。这老翁走到张良的身边，故意把鞋脱落桥下，然后傲慢地差使张良道："小子，到桥下把我的鞋子拾上来！"张良愕然，心想，这老者真无礼，莫非找碴讹诈不成？但他还是强忍心中的不满，跑到桥下，

违心地把鞋子拾了上来。张良正要把鞋子递给老翁，老翁却又跷起脚来，命张良给他穿上。此时的张良虽已怒不可遏，但因他已久历人间沧桑，饱经漂泊生活的种种磨难，深感生活的艰难，内心较年少时隐忍了许多，因而强压怒火，单膝跪于老者身前，小心翼翼地帮老人穿好鞋。不曾想老者非但不谢，反而仰天大笑，径直离去。张良呆视良久，心中满是疑惑，心想今天真是怪事连连。他

正想着，却见那老翁走出里许之地，似乎想起了什么，又蹒跚着返回桥上，对张良赞叹道："孺子可教矣。五天后天亮时，仍来此桥上见我。"张良不知何意，但还是恭恭敬敬地应诺。

第五天，鸡鸣时分，张良急匆匆地赶到桥上。见老者早已提前来到桥上，并一脸怒气地斥责张良说："与老人有约，怎么可以误时？五日后你再来吧！"说罢离去。又过了五天，张良再次晚老人一步，而老人仍约定五日后再来桥上。第三次，张良索性半夜就到桥上等候。这次他终于通过了考验，老者高兴地说："与老人约会，就应该这样。"说完，老者从怀中取出一卷书送给张良，说："读此书，把它研读透彻了，将来可以做帝王之师。天下时局不久必然动荡，十年后你可用此书兴邦立国。十三年后你再来济北见我。"说罢，扬长而去。这位老人就是传说中的黄石公，亦称"圯上老人"。

张良送走老者，抱着书回到住处，在灯下一看，乃是《太公兵法》。太公就是姜太公，又称姜子牙、太公望。传说他上知天文，下知地理，对天下大事了如指掌。他以"愿者上钩"一事获得周文王的赏识，后辅佐文王之子周武王讨伐商纣，建立了西周王朝。《太公兵法》就是他总结自己作战经验而著成的。张良得此兵书，喜出望外，从此日夜研习，不但对治国韬略、统军之法、御敌之术等熟记于心，而且从中了解了朝代兴亡的玄机，终于成为一个深明韬略、文武兼备、足智多谋的"谋才"。而"孺子可教"的故事也在民间流传至今，成为我国古代文化宣扬"孝义"的典范。

## （二）留邑之会 辅佐韩王

张良自得圯上之书，便在下邳专心研习。其间发生了三件大事：

其一，张良再会好友项伯。项伯，名缠，是楚国大将项燕的二公子。一次项燕出使韩国，项伯随行，曾在相府同张良相会。十年后，二人在下邳城中偶然相遇，同为六国贵族后人，同样的落魄境况，使两人结下了深厚的友谊。在以后的楚汉之争中，项伯成为扭转战局

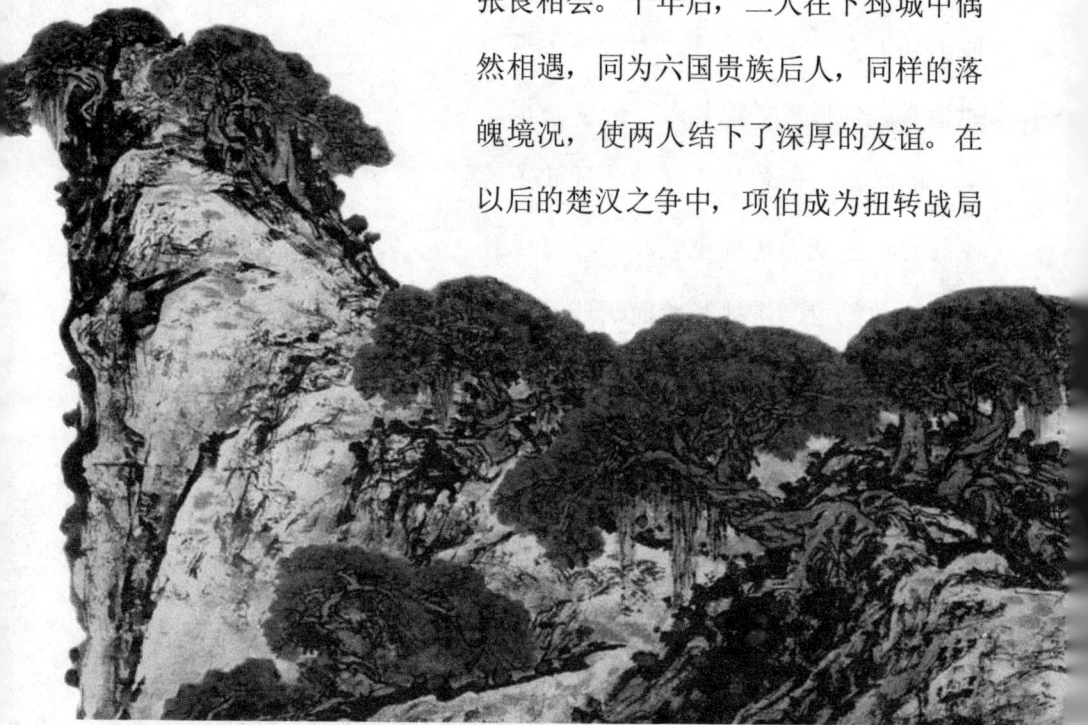

的关键人物。

其二，秦始皇之死。公元前 210 年，秦始皇第五次东巡，至平原津生病。七月丙寅日，秦始皇死于沙丘平台。丞相李斯怕皇子及民间势力乘机制造变故，对此严守秘密，将尸体放在既密闭又通风的辒车中。重臣赵高勾结胡亥、李斯，谎称秦始皇遗诏立胡亥为太子，并写信给公子扶苏、蒙恬，列举他们的罪状，逼其自杀。此后按计划巡行，行经直道回到咸阳，这才宣布发丧。胡亥袭位为二世皇帝。张良得此消息，万分喜悦，他预感到天下将有大事发生。

其三，公元前 209 年秦二世征发淮河流域的 900 名贫苦农民去防守渔阳（今北京密云）。佣农出身的陈胜和贫农出身的吴广被指定为屯长。当他们走到蕲县大泽乡（今安徽宿县西南）的时候，连绵的阴雨把他们阻隔在这里，不能如期赶到渔阳戍地。按照秦法规定，误了期限就要全部被处死。陈胜、吴广二人商议："今亡（逃亡）亦死，举大计亦死，等死，死国可乎？"于是决定起义反抗

暴秦的统治。在起义军的影响下，许多郡县农民杀掉当地官员，响应陈胜。刘邦在沛县、项梁在吴、彭越在巨野也先后举事，全国性的反秦局面形成了。

此时身处下邳的张良听说四方兵起，兴奋不已。他也聚集了百余人准备去投靠陈胜手下秦嘉所拥立的楚王景驹。但走到留邑，碰到了刘邦所率领的几千人马。他对刘邦早有耳闻，又见其手下萧何、曹参、樊哙、夏侯婴等一班文臣干将甚有气象，内心大为震惊。进而交谈中，刘邦居然对军机、治国、朝代兴衰等都能一一体会，点评精到。张良不禁感叹："沛公气概，天下难寻。"心中暗暗决意辅佐刘邦。由此开始了两人君臣和合的序幕。

之后，刘邦以接受项梁指挥为条件，向其借兵，打败雍齿，夺回丰邑。而此时的项梁义军已发展到十万人，成为对抗秦军的起义队伍中最强的一支。为出师有名，项梁又接受谋臣范增的建议，

于秦二世二年（公元前208年）六月拥立前楚怀王的孙子为王，建都于盱台（今江苏盱眙东北），仍称楚怀王。从此，反秦起义战争进入了一个新的阶段。

张良眼见秦末起义的形势日渐明朗，便决心复兴韩国，于是向项梁提出请求，希望立韩国的公子韩成为王。项梁也想开辟反秦的新势力，便任命张良为韩司徒，率千余人进军颍川地区。

在张良与秦军周旋于颍川的日子里，项梁因轻敌，于秦二世二年（公元前208

年）九月，被秦军主力章邯打败。面对项梁战死后的颓势，楚怀王对起义军进行休整整顿，将吕臣和项羽的军队合并，以项羽为鲁王，封长安侯；以刘邦为武安侯，并决意进攻关中，宣布："先入定关中者为王。"

秦二世三年（公元前207年）九月，秦军攻赵，大破赵军，赵王歇和张耳退守巨鹿，并向楚怀王求救。十月，楚怀王以宋义为上将军，项羽为次将，范增为末将，北上救赵。大军行至安阳，却停止前进。项羽急于复仇，不满宋义保存实力，激于义愤，杀宋义。英布等诸将推举项羽为假上将军，楚怀王不得不

承认项羽的上将军身份。十二月，项羽主力渡河，并下令破釜沉舟，烧毁庐舍，"持三日粮，视士必死，无还心"。以迅雷之势围杀秦军，九战九捷，俘秦大将王离，一举解救了赵国，取得了辉煌的战果。

项羽在北方战场节节胜利的同时，刘邦军经砀、阳城、杠里、粟地、昌邑，到达开封，并与张良会合。原来张良自与韩王成进入韩国故地后，因兵力有限，一些城池得而复失，进展并不大。得知刘邦挥师西进，在开封受阻，便率军协助刘邦。张良以为开封城高池深，难以

攻破，不如派少量军队包围开封，虚张
声势，并不强攻，以引诱秦军来援，并
事先在开封西边设伏，必能成功。刘邦
依计而行，果然大败秦将杨熊。随后，
张良又协助刘邦顺利攻陷韩地十几个城
池，并安排韩王成居守阳翟，自己则与
张良等继续向南阳郡进发。

# 二、反秦扶汉

## （一）张良献策　入关灭秦

　　刘邦军顺利行至南阳郡宛城，刘邦急于入关，见宛城坚固，一时难以攻取，便打算绕过宛城继续西进。张良认为不妥，劝道："主公不想进攻宛城，想来是急于入关。但前途还有多股秦军，险阻甚多；而宛城人口众多，物资丰足，若宛城军从背后攻击，我军将进退两难，

更不用说灭秦了。所谓欲速则不达，请
主公三思。"刘邦似有所悟，急令各军连
夜疾行，天未亮，已将宛城包围，准备
攻城。城内南阳太守本以为刘邦大军远
去，不想去而复返，连连叫苦，便要拔
剑自刎。幸得舍人陈恢劝止，说愿替太
守请降。

陈恢至刘邦军营，劝说刘邦道："我
听说楚怀王事先有约，谁先打进咸阳，
谁就做关中王。将军为什么一定要攻占
宛城呢？宛城是个大城，治下还有数座

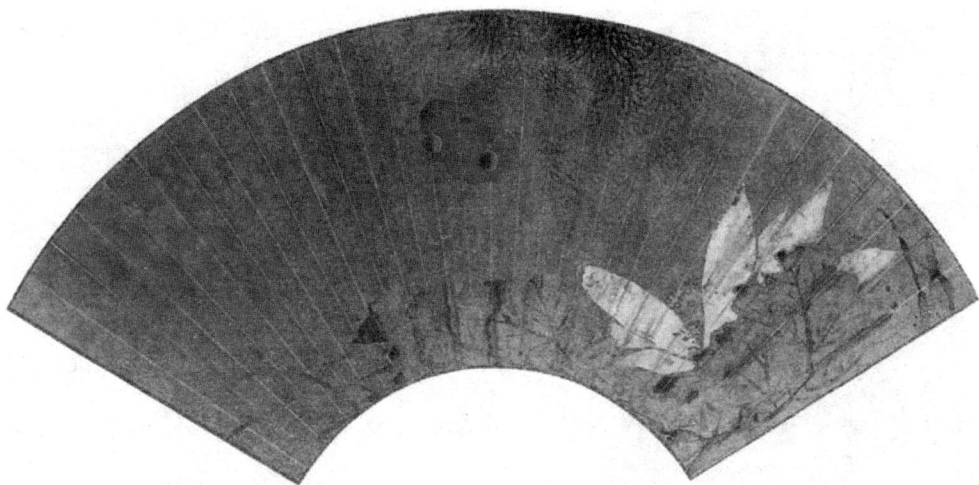

县城，宛城的官吏、兵士和百姓都认为投降必死，所以宁愿拼死守城。将军若是一定要攻打宛城，必然也会伤亡很大，那时攻城不下，旷日持久，不但不能抢先入关，而且背后还会受到宛城守军的牵制。我为将军打算，不如接受宛城投降，使宛城守军、官吏仍任原职，留守宛城，而把宛城的士兵编入您的军队，同去西征。这样，其他各县见到宛城的士兵编入您的队伍，也会开城迎接将军。将军就可以兵不血刃，直取咸阳了。"

在旁的张良忙向刘邦点头，又给刘

邦使眼色。刘邦会意，便对陈恢说："依先生之言，这事就交给你办了。"

陈恢立刻告辞回城。时间不长，果然城门大开，宛城太守亲自出城，迎接刘邦。这样，刘邦就不费吹灰之力地占领了宛城，解除了西进的后顾之忧。刘邦兵威大振，南阳郡的其他城池见太守已降，也纷纷起而效仿，望风而降。刘邦军继续向关中前进。

正值刘邦军顺利进军时，秦朝内部发生了一场政变：赵高逼死秦二世，立子婴为秦王；子婴则捕杀赵高。刘邦看到秦朝政局动荡，又犯了急于入关的毛病。大军行至峣关，峣关地形险要，是武关以西靠近咸阳的最后一关。刘邦见秦军负隅顽抗，一怒之下，下令不惜一切代价攻城。张良连忙劝止，说："秦朝内部虽然发生了政变，但是子婴即位以后，诛杀了赵高，名正言顺，再加上防守秦都咸阳的军力还很强，不可以操之过急。"

刘邦意识到自己的冒进，赶紧请教进攻之法。于是张良献了一个智取的计策，说："知己知彼，百战不殆。听说峣关守将商奉的父亲是个屠夫。这种市侩小人，只要用点财币就可以打动他的心了。您可以一面派先遣部队，在四周山上增设大量军队的旗号，虚张声势，作为疑兵。另一方面则遣能言之人，带上金银财宝引诱他投降。"刘邦照张良的计策，立即下令数千将士，登上峣关附近的高地，遍插旗帜，以惑秦军心。又派郦食其前往诱降。果然，在金银珠宝面前，商奉欣然投降，并表示愿与刘邦联合攻秦。刘

邦大喜，张良却神色凝重起来。他冷静地分析道："商奉见财眼开，竟不与手下商量就一口答应，但他是刚调任的新守将，他的部下未必都会服从投降。万一士卒不从，后果将不堪设想。不如趁秦兵松懈不备一举消灭他们。"刘邦连连点头，率兵向峣关突然发起攻击，结果秦军大败。就这样，通往秦都咸阳的最后一个关口也被攻陷了。

前所未有的胜利不曾冲散张良的理智，他劝刘邦不要进攻咸阳。因为咸阳

毕竟是秦朝的都城，还有众多守卫王宫的兵士。若强攻势必会破坏宫殿楼阁，也会殃及城中百姓。不如派使臣劝降秦王子婴。刘邦表示认同，当即下令驻军灞上，并命萧何起草招降文告。秦王子婴见义军兵临城下，大势已去，只好乘素车白马，持玉玺符节，开城出降。至此，雄霸四方、威震海内的大秦帝国灭亡了。

　　刘邦进军关中的进程能够如此顺利，除了秦军主力都在疲于应对项羽军队以外，重要的是在进军途中，刘邦诚恳地接受了张良等人的建议，才能够过关斩将，并迫使秦王子婴投降。在反秦战争中，张良很好地扮演了一个得力的谋士角色，也开始在战略上为刘邦谋划下一步的行动路线。


　　（二）安抚关中　鸿门奇谋


　　刘邦大军进入咸阳，看到那豪华的

宫殿、美貌的宫女和大量的珍宝异物，许多人忘乎所以，以为可以尽享天下了。刘邦见到豪华的宫殿，美貌的女嫔，也不禁为之倾倒，想留在宫中，安享富贵。面对从未有过的浮华景象，幸而还有三个人保持着清醒的头脑：一个是樊哙，他冒死进谏，斥责刘邦"要做富家翁"，但刘邦不予理睬；另一个是萧何，进入咸阳以后，不顾金银珠宝，眼中只有丞相府的文书档案，这些资料后来成为汉初治国的重要依据；还有一个就是张良。他见樊哙苦谏无用，便问沛公："主公起兵时，人不过一百，地不过一城；今日队伍几万，又占领了秦都咸阳，主公以为自己是靠什么取得这些胜利的呢？"

"主要靠萧何、曹参等人的运筹、谋划。"

"不对。"

"靠樊哙、周勃等将领的出色战绩。"

"不对。"

"靠沛县子弟的英勇顽强。"

"不对。"

"靠友军的配合、百姓的支援。"

"不对。"

刘邦无语，张良则大声说："暴秦！"

刘邦惊愕地说，"我与暴秦不共戴天，怎么会依靠它取得胜利呢？"

张良正色道："如果秦始皇统一天下以后，政治清明，爱惜百姓，主公还会造反吗？如果秦二世不是在后宫醉生梦死，而是幡然悔悟，励精图治，清除奸佞，富国强兵，主公还能顺利来到关中吗？"

刘邦不语。

　　张良趁热打铁，进而解释到："今诸侯遍地，都想着入关，若主公贪图享乐，则危在旦夕。古人言'良药苦口利于病，忠言逆耳利于行'，愿主公接纳樊哙之言，离开咸阳，还军霸上。"

　　张良语气平和，但软中有硬，一语中的，尤其是话中对古今成败的揭示以及"无道秦""助桀为虐"等苛刻字眼，隐隐地刺疼了刘邦近乎沉醉的心。这种

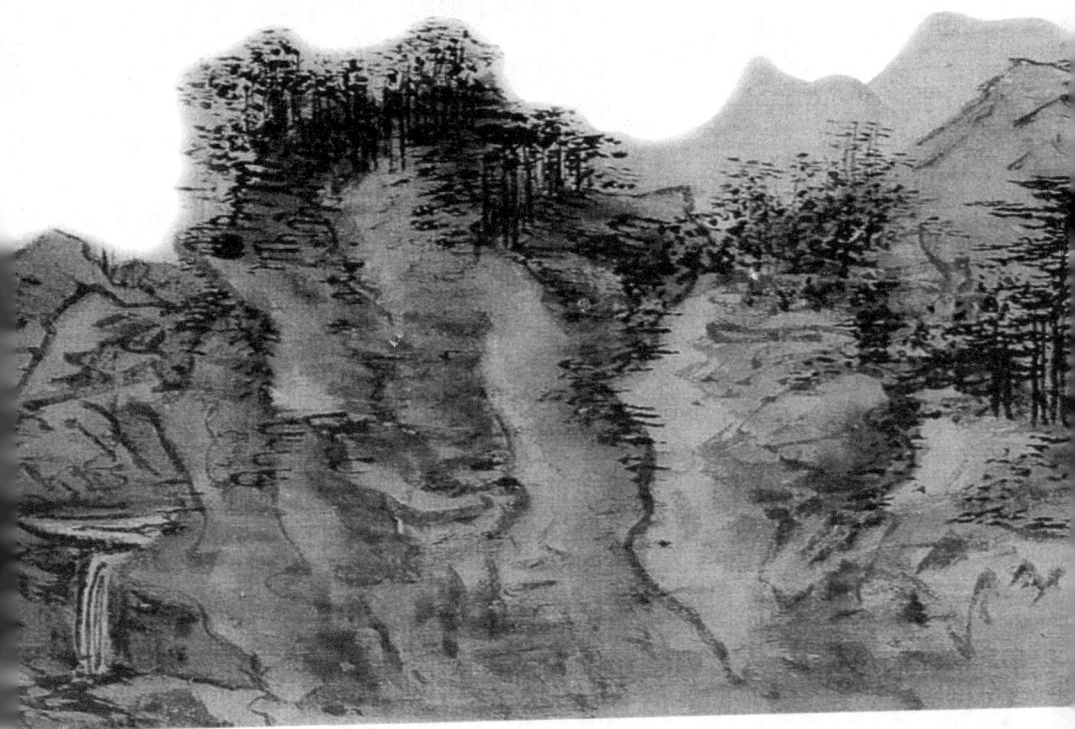

紧打慢唱的手法，果然奏效。刘邦愉快地接受了这卓有远见的规劝，立即下令：封府库，闭宫室，还军灞上。

在此期间，张良还建议刘邦召集父老豪杰，与之约法三章："杀人者死，伤人及盗抵罪。"并通告四方："余悉除去秦法。诸吏人皆安诸如故。凡吾所以来，非有所侵暴，勿恐。"另外，还派人与秦吏一起巡行各地，晓谕此意。这一系列措施博得了秦民的一致拥戴，争先恐后用牛羊酒食慰劳军士。刘邦见状，又命令军士不要接受，传出话去："军中粮食充足，不要劳民破费了。"秦地百姓听罢此言，越发高兴，唯恐刘邦不为秦地之王。

刘邦在张良的建议下，采取的安民措施，不仅争取到秦故地人民的支持，更为他日后经营关中，并以此为根据地与西楚霸王项

羽争夺天下奠定了良好的政治基础。在这一过程中，显示出张良杰出的治国才能和政治谋略。

公元前206年，项羽率诸侯军队抵达函谷关（今河南灵宝东北）。刘邦命令守军紧闭关门，阻止诸侯军队进关。项羽得知刘邦已攻下咸阳，十分恼怒，正赶上刘邦部下曹无伤密告项羽，说："沛公要在关中称王。"项羽立即命令英布督军强攻。同年十二月，项羽大军攻破函谷关，进驻新丰、鸿门（今陕西临潼东北），要与刘邦决一死战。

按当时的实力对比，刘邦是无论如何也不能与项羽一战的。幸而项羽的小叔父项伯前来刘邦军中私见张良。原来这项伯当年因逃罪躲在下邳城，曾受到张良搭救。二人志趣相投，结为至交。项伯担心楚汉一战张良必为楚军所杀，乃深夜潜入刘邦军中把消息告诉了张良。张良苦于无计可施，见项伯前来，计上

心头，说："我奉了韩王成之命，送沛公入关，现在沛公危在旦夕，我却悄悄地逃走，实为不义。待我禀明沛公，再行定夺。"随即面见沛公，将原委和盘托出。沛公大惊失色，不知所措。张良问："主公是不是派军队把守着函谷关？"

刘邦应承说："是。"

张良道："事情就坏在这里。刚才楚左尹项伯说项羽明日就来攻营，特来劝我躲避。以主公看，咱们能敌得住项羽吗？"

刘邦沉思良久，低声道："恐怕不能。"

张良进而分析道："当务之急是打消项羽对主公的疑虑，使他放弃进攻主公的计划。请您去告诉项伯，说您不敢背叛项王。明日亲自向项羽赔礼谢罪。"

刘邦问："项伯和你，谁的年龄大？"

张良说："项伯长我几岁。"

于是，刘邦对张良说："你替我把项伯请进来，我要像对待兄长一样对待他。"

张良再三邀请项伯入帐见刘邦。项

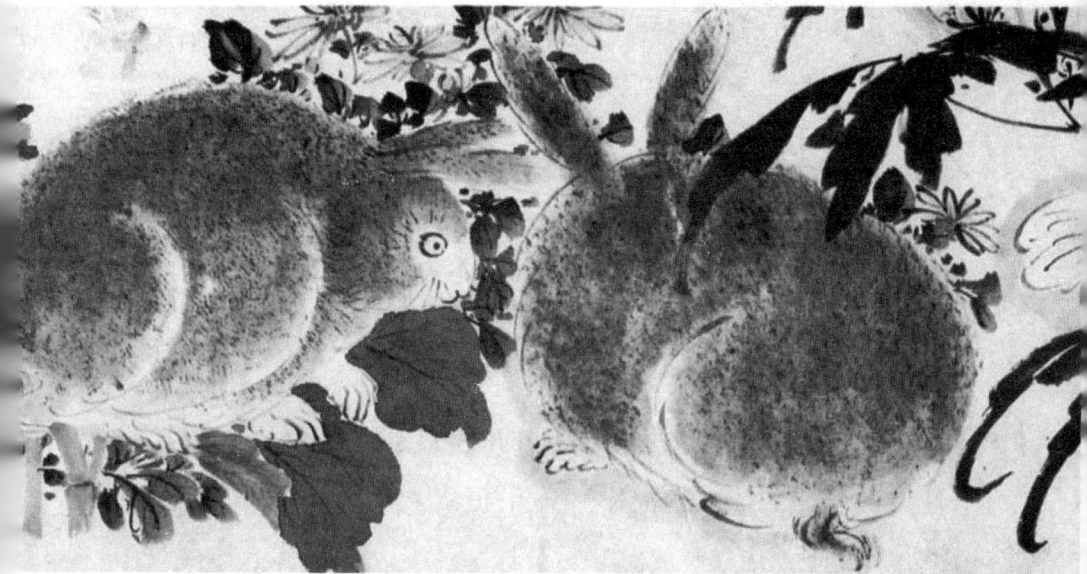

伯进帐后，刘邦亲自为项伯斟酒，并结了儿女亲家。当项伯酒酣耳热之时，刘邦委屈地说："我人关以后，封府库，秋毫不敢取，专待项将军到来。之所以派军士把守函谷关，是因为暴秦新亡，为了防备山林盗贼窜入，并无阻挡项将军之意。听闻项将军义气大度，是贤明之人。烦请将军转达我的心意，明日我就亲自前往项将军营中赔礼谢罪。"项伯见刘邦情真意切，信以为真，便答应下来。

项伯连夜驰回鸿门，把刘邦的话都转告给了项羽，并说："沛公入关以后，财货不敢取，宫女不敢近，还将府库封锁，专等将军入关，商讨处置，连降王子婴也不敢擅自发落。今沛公灭秦有功，而将军却要讨伐，是为不仁啊。况且他答应明日亲自前来赔礼谢罪，足见其诚恳。"

经项伯一番疏通，使原本已经剑拔弩张的局势终于稍稍缓解。

且说第二日，刘邦只带张良、樊哙、

夏侯婴等及百余兵士来到楚营。一见项羽，刘邦立即施礼道："臣与将军合力攻秦，将军战河北，我战河南，虽兵分两路，但都为暴秦。臣幸得先入关破秦，得以在此见到将军。如今小人进献谗言，致使将军与我结怨，还望将军明察。"

项羽见刘邦只带百余人前来赴宴，又是一副毕恭毕敬的样子，不禁放松了警惕，说："这都是沛公身边的左司马曹无伤进了谗言，才使我错怪了将军。"说罢，命人上酒款待。

席间，项羽谋臣范增几次示意项羽杀掉沛公，项羽却只顾畅饮，并不理睬。

范增便托词离席，到帐外找到项羽的堂弟项庄，授意他借舞剑助兴，伺机杀掉刘邦。张良看出其意，急用眼光示意项伯。项伯拔剑与项庄对舞，时时用身体保护刘邦。张良见情势不妙，赶紧出帐找到将军樊哙，命其速去护驾。樊哙乃持剑拥盾，直入军帐，面对项羽，怒目而视，头发上指。项羽一惊，忙问："此是何人？"

张良答道："沛公随从卫士樊哙。"

项羽随口称赞道："好一个壮士！赐他一碗好酒。"

　　樊哙接酒一饮而尽，再劝再饮，并借机陈述沛公的劳苦和忠义，指责项羽心胸狭窄道："当初楚怀王约定：先入关者王。现在沛公首先攻破秦关，不但没有称王，还退兵灞上，不动一丝一毫，日夜等待项将军到来。这种大功不但不赏，反而听信小人挑拨，谋害有功之人。我真为将军担心啊，担心您是不是走亡秦的老路。"

　　樊哙的慷慨之词，铿锵有力，数落得项羽无言以对。

　　刘邦见项羽有点醉了，就借如厕，走出军帐。张良也伺机跟出，并劝沛公赶快回到灞上。刘邦虽感有失礼数，但

因张良坚持，便匆匆离开楚营。只留张良向项羽辞谢。

张良估计刘邦已经回到灞上军营，便进入军帐去见项羽，说："沛公不胜酒力，怕酒醉失礼，不能当面辞行，特让我待他答谢，并奉上白璧一双，献给将军，玉斗一对，献给亚父。"项羽无奈，只好收下白璧，不了了之。范增气得把玉斗摔到地上，拔剑击得粉碎，愤怒地说："竖子（对项羽的轻蔑称谓）不足与谋。夺项王天下之人，必为沛公。"而刘邦回到

灞上，第一件事就是杀掉了卖主的曹无伤。

在这次生死攸关的斗争中，张良以其大智大勇，既巧妙地帮助刘邦安全脱离虎口，又使项羽内部埋下了君臣相隙的祸根。"鸿门宴"也因此而成为我国从古至今为人们所津津乐道的经典智谋故事。

三、再入关中

## （一）明修栈道 暗度陈仓

鸿门宴后几日，项羽领兵进入咸阳，对咸阳实行了大屠杀政策，杀死了秦降王子婴，又疯狂地烧毁秦宫室，掠夺宫中财货、美女运回家乡。

此时的项羽功高盖主，骄傲自满，将楚怀王"先入关者王"的约定抛至脑后，在戏下主持裂土分封。分封的结果是将全国划分为十九个割据区域。项羽自立为西楚霸王，统辖梁、楚之地九郡，都彭城。其余立十八王，其中刘邦封到偏僻的巴蜀、汉中，称为汉王。项羽、范增疑惧刘邦会抢夺天下，又封三名秦降将于关中，以牵制刘邦；以章邯为雍王，统咸阳以西，都废邱；以司马欣为塞王，王咸阳以东至黄河；以董翳为翟王，治上郡，都高奴。刘邦对此心中怨恨，想率兵攻击项羽，后经萧何、张良一再劝阻，

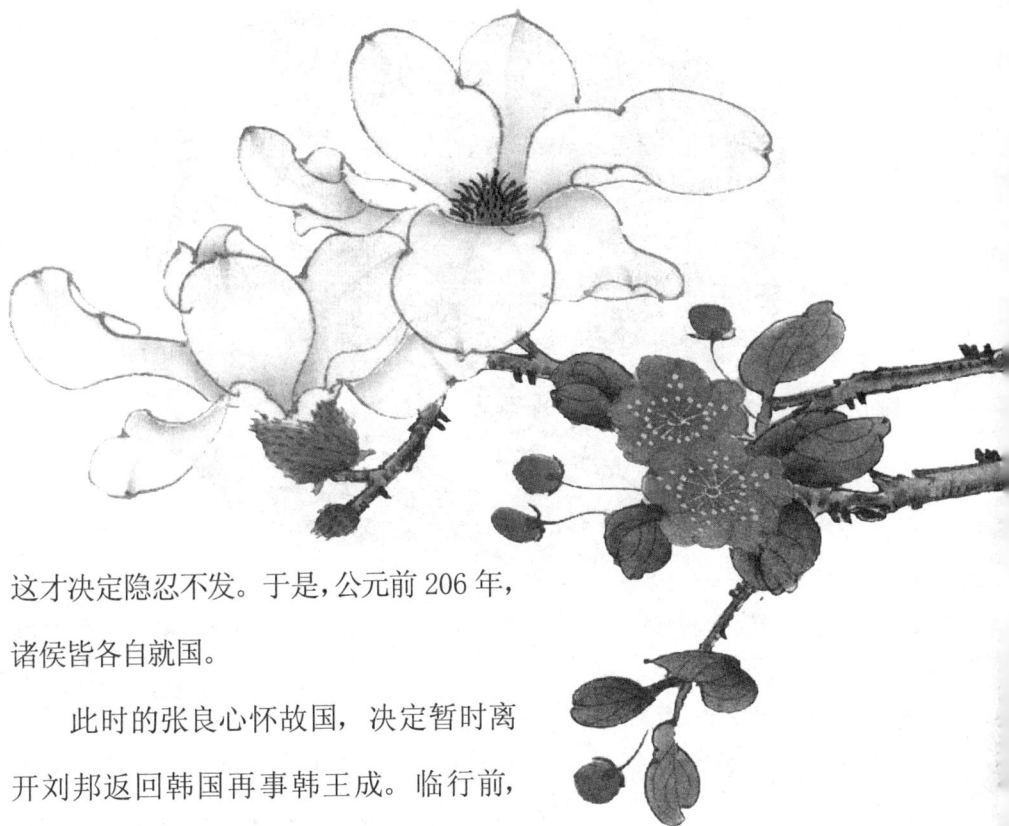

这才决定隐忍不发。于是，公元前206年，诸侯皆各自就国。

此时的张良心怀故国，决定暂时离开刘邦返回韩国再事韩王成。临行前，张良为刘邦谋划入蜀后的行动方针：一方面养民致贤，励精图治，谋求发展；另一方面，静待时机，还定三秦。刘邦心中不舍，赐金百镒，珠二斗。张良又将金珠转赠项伯，并请他向项王请求加封刘邦汉中地区。这样，刘邦建都南郑（今陕西南郑县东北），占据了秦岭以南的巴、蜀、汉中三郡。

七月，张良送汉王至褒中，再次提醒刘邦不要忘记敌我力量悬殊，认为应尽量麻痹项羽，避免与其过早进行军事对抗，并分析了项羽与东方的田荣、彭越等人的矛盾以及乘隙发展的机遇。张良见褒中地势险要，群山环抱，沿途都是悬崖峭壁，只有栈道凌空高架，以度行人，别无他途。便建议刘邦全部烧毁入蜀的栈道，既表示无东顾之意，以消除项羽的猜忌，同时也可防备他人的袭击。刘邦依计而行，烧掉了沿途的栈道。

张良此计，可谓用心良苦，它为刘邦的巩固发展和日后东进，取得了重要的保证。刘邦入汉中后，励精图治，积极休整。同年八月，刘邦用大将韩信之谋，避开雍王章邯的正面防御，乘机从故道"暗度陈仓"（今陕西宝鸡），从侧面出其不意地打败了雍王章邯、塞王司马欣和翟王董翳，一举平定三秦，夺取了关中宝地。略定三秦，刘邦倚据富饶、形胜的关中地区，便可以与项羽逐鹿天下了。一个"明烧"，一个"暗度"，张、韩携手，珠联璧合，"明修栈道，暗度陈仓"也成为历史上的一段脍炙人口的佳话。

项羽得知

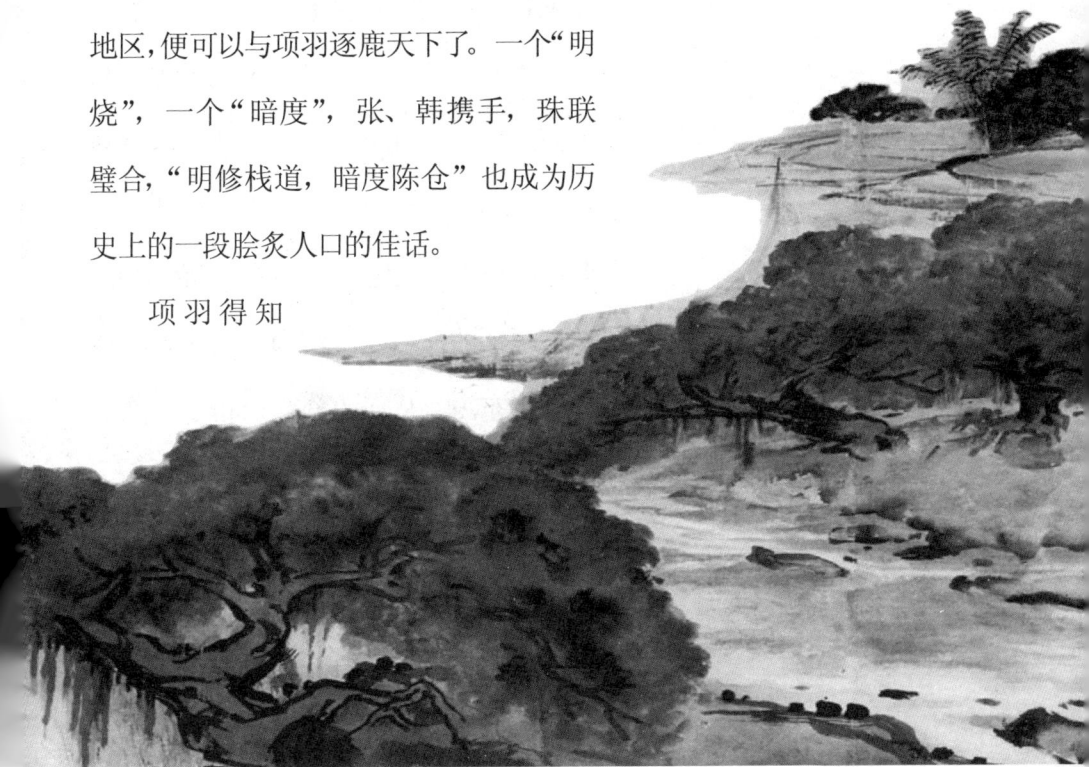

刘邦还定三秦，重新占有关中，怒不可遏，决定率军征讨。张良早有预料，便作书于项羽说："汉王失职，欲得关中，如约即止，不敢东。"同时又把齐王田荣谋叛之事告知项羽，说："齐国欲与赵联兵灭楚，大敌当前，灭顶之灾，不可不防。"此信既为刘邦还定三秦做了合理的解释，稍消项羽的怒气，又将项羽的注意力转移到了东方，从而为刘邦赢得了休养生息的时间。

张良成功将楚军引往齐国战场的同时，得知韩王成被项羽杀害的消息。原来，当初楚军入关经过韩地时，韩王成以韩地政局不稳为由，没有跟随楚军一起入

关，对此项羽耿耿于怀。

后将韩王成带往彭城，撤去韩王封号，改封为侯。但项羽仍不解心头之恨，考虑再三，最后将韩王杀掉。如此，张良"相韩"的梦想彻底破灭，不得不再次离开韩国故地返回关中。

刘邦见到张良欣喜万分，封张良为成信侯。这期间，张良专心辅助刘邦，利用大好时机，一面加强关中的巩固建设，增强防御能力；一面向东扩张军事力量，一度形成对楚都彭城的包围之势。

汉王二年（公元前205年）冬，张

良等筹划组织了迁都栎阳，以利于对关东战争的统筹。同时宣布招降政策，带领一万人或者以一郡地方来降者，封为万户侯，还将秦朝的皇家园囿分给百姓耕种。

军事上，刘邦亲率军队出函谷关西征。在洛阳听取新城县老者董公建议，发布檄文说：

"天下共立义帝，北面事之。今项羽故杀义帝于江南，大逆不道。寡人亲为义帝发丧，兵皆缟素。悉发关中兵，收河南、河东、河内之士，愿随从诸侯王，南浮江汉以下，讨伐楚国杀义帝的元凶！"

这样，刘邦以讨伐项羽诛杀义帝之罪为号召，占据了舆论的优势，得到了诸侯各王的支持，包括常山王张耳、河南王申阳、韩王信、魏王豹、殷王司马卬等。诸侯大军浩浩荡荡经雍丘杀向楚都彭城。

此时楚军主力已随项羽北上伐齐，彭城守军十分薄弱，根本无法抵挡刘邦大军，于是刘邦毫不费力地占领了彭城。

## （二）下邑之谋　驳斥郦生

直捣楚都彭城后，刘邦被这轻而易举得到的胜利冲昏了头脑，不但没有采取恰当的政治、经济措施，安抚此地，赢得人心，反而恶习复发，得意忘形之余大肆收集财宝、美女，整日置酒宴会，结果给项羽回军解救赢得了时机。项羽闻知彭城失陷，立即亲率三万精兵，从小路火速赶回，急救彭城。刘邦的数

十万乌合之师难以协调指挥，连粮饷都
筹备不齐，所以一经接战，便遭惨败，
退到城东北的谷水和泗水交汇处。前有
大河，后有追兵，船少人多，强渡不及，
被歼灭及落水者十余万。余部溃逃至灵
璧（今安徽宿县西北）以东的睢水。面
对楚军的强大攻势，联军争相跳水逃命，
因水深流急，人多拥挤，相互践踏，又

有十余万人葬身鱼腹。刘邦本人被楚军追赶，其父及妻子都被楚军掳走。途中为减轻车重，还几次将自己的两个孩子推到车下，幸得夏侯婴坚持，才保住孩子的性命。这两个孩子就是日后的鲁元公主和太子刘盈。至此，塞王、翟王、陈余等许多诸侯王又望风转舵，纷纷背汉向楚。刘邦在军事上再度遭受重大挫折，大好的形势得而复失。

刘邦狼狈逃至下邑，面对彭城的惨败深感沮丧，听到诸王的背叛又一筹莫展，不知如何是好。自从起兵以来他从没有经历过这么大的挫折、遭到过这样

大的惨败、遇到过这样大的难关。他召来众臣，问道："目前形势严峻，军心不稳。有谁能帮我力挽狂澜，战败项羽呢？若能助我成功，我愿意以整个关东作为封赏。"

众臣面面相觑，似有为难之情，便都把目光落到了张良身上。

张良会意，答道："目前形势，如大王所说，确实非常严峻。大王率军出关之后，好不容易把反楚的诸侯聚集起来，可是彭城一战，形势大变，齐、赵、魏等国又相继背叛。汉军已经退到荥阳，若再退，就只好返回关中了。而如果失掉荥阳以西的险

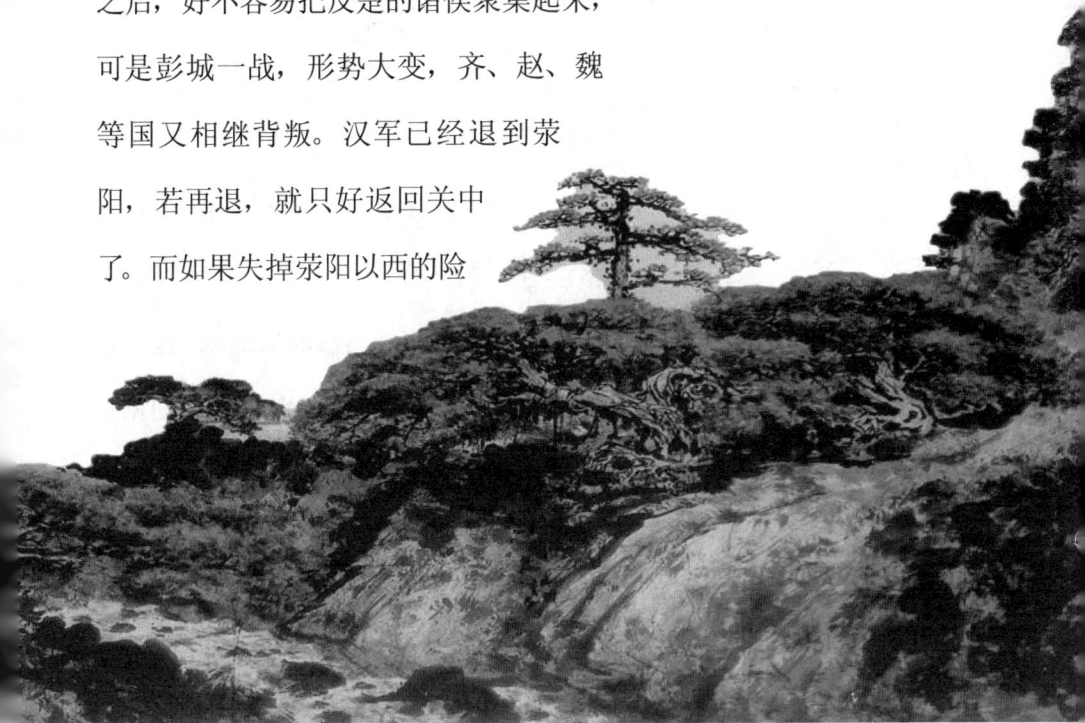

要地形，再要出关就比登天还难了。不过大王也应该看到，楚军目前看来强大，于汉军对峙于荥阳，其实并没那么可怕。因为赵国的陈余、齐国的田横、魏国的魏豹虽然背叛，但他们想的只是割据称王，并不真心拥护项羽，大王仍然可以遣使劝归。至于能够力挽狂澜的，我看只有英布、彭越、韩信三人了。九江王英布本来是项王的部将，但项王攻打齐地时，英布却借口生病，不亲自前往，只让部将带了几千人前去；汉军攻破彭城时，英布又坐视观望，托病不助，因此项王非常生气，曾几次遣使责备他。彭越早就不满意项王，曾转战梁地，与楚军周旋。这两个人都是天下枭雄，紧急之时，都可以利用。而汉军之中，只有大将军韩信可以独当一面，胜此大任。到那时，大王率主力从正面抗击楚军，韩信、彭越从侧翼包抄，英布在后面骚扰，不就可以变被动为主动了吗？只要用好这三个人，楚军可破。"这就是有名的"下邑之谋"。

刘邦听罢，认为这确实是一个以弱制强的妙计，对三将的分析也句句在理，特别是对韩信的评价，更使他心中一动。早在汉中拜将论兵时，刘邦就意识到韩信是难得的将才；而韩信所献的"明修栈道，暗度陈仓"之计，使汉军出其不意地重返关中。所以立即遣使急入关中，去请韩信；同时派能言之士随萧何去策反九江王英布，派郦食其去劝归魏王魏豹，又鼓动彭越加紧骚扰楚军。

"下邑之谋"虽然不是全面的战略计划，但它构成了刘邦关于楚汉战场计划的重要内容。虽然魏王并未被劝归，但韩信很快率军灭魏，使项羽又失一有力臂膀。正是在张良的谋划下，一个内外联合共击项羽的军事联盟终于形成，扭转了楚汉战争的局势，使刘邦由战略防御转为战略进攻。事实证明了张良"下邑之谋"的深谋远虑，最后兵围垓下打败项羽，主要依靠的正是这三支军事力量。

汉三年（公元前 204 年）冬，楚军兵围汉王于荥阳，双方相持不下，成胶着状态。范增献计项羽攻击汉军粮仓"敖

仓"，切断了荥阳大军的后勤供应。刘邦深感形势严峻，寝食难安。谋士郦食其进帐献计说："项羽倾国而来，锐气正盛，不可与之强敌。为大王计，只有分封诸侯，立六国之后为王，壮大声势，并牵制楚军，使其分兵，方可解荥阳之围。从前，商汤讨伐夏桀，分封了夏王桀的后裔，使商朝得以安定；武王讨伐商纣，分封了商族后裔，使周朝的基业得以稳固；而

后来的秦国灭亡六国，使诸侯王的后代无立锥之地，才导致了天下大乱，二世而亡。今大王若能重新扶立六国的后裔，其君臣、百姓必然对大王感恩戴德，甘愿做大王的臣民，拥汉反楚。这样一来，楚王必然成为孤家寡人，四面受敌，还有什么力量与大王抗衡呢？"

刘邦正苦于无计可施，听了郦食其的一番言论，自以为可行，便命人刻制印玺，准备让郦生分别送往六国。

在这关键时刻，张良外出归来，拜

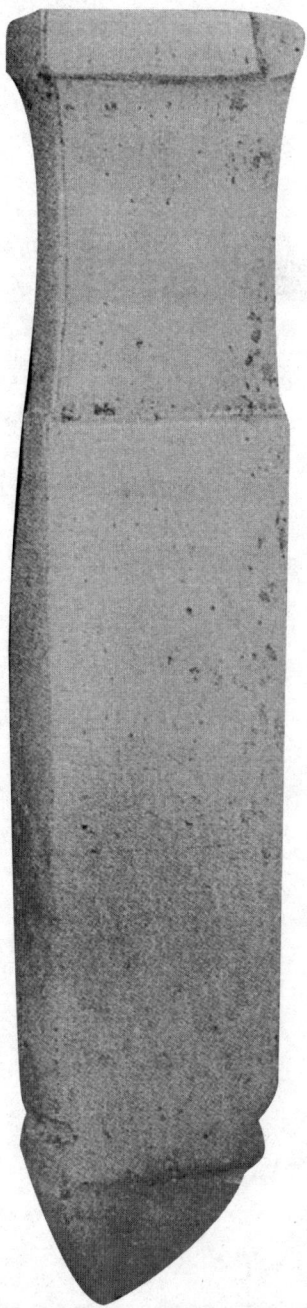

见刘邦。刘邦一边吃饭，一边把实行分封的主张说给张良，并问此计如何。张良听罢大惊，忙问："这是谁给陛下出的主意? 若行此计，一切都完了!"

刘邦一听，立刻愣了，将手中的筷子放下，疑惑地说："这是郦生所献之计，后果会有如此严重吗?"

张良便拿起筷子，在餐桌上边画边说："以前商汤、武王之所以封夏桀、商纣的子孙，是因为估计到自己能控制住局势，掌握着那些人的生死，他们兴不起大浪来。而如今大王能致项王于死命吗?"

刘邦沉吟道："现在恐怕不能。"

"第二，周武王进驻商都朝歌之后，宣扬纣王时的贤人尚容得德性，释放了被囚禁的箕子，翻修了比干的坟墓。而现在大王能做到这样吗?"

"寡人现在与项羽胜负未分，怕不能做到。"

"第三，武王灭商以后，曾发放巨桥粮仓的粮食和鹿台府库的钱物，赈济贫苦百姓。如今大王能做到吗？"

"现在士兵的军粮仍捉襟见肘，哪来的粮食去发放呢？"

"还有，武王灭商以后，返回周都，就将战车改作乘车，将兵器倒置起来，以向天下人表示不再用兵；把战马放养到华山之阳，以示不再驱用征战；把牛牧到桃林北面，以示不再用它们运输粮食辎重。所有这些，大王显然也不能做到。另外，天下豪杰背井离乡，抛弃父母妻子，冒着生命为相跟随大王转战各地，还不是想胜利后获得一点封地。倘若大王重

立六国后裔为王，而将跟随大王的豪杰放归故里，侍奉父母，大王还依靠谁去争夺天下呢？况且当今天下，楚国最强，倘若复立六国后裔为王，他们必定不会感激大王，是为了保住自己的王位，屈从于强楚，怎么会心甘情愿地臣服于大王呢？这就是不可以封立六国的理由。如果采纳了郦生之计，大王的一切不就全完了吗？"

刘邦听到这里，将口中还未咽下的饭粒猛地吐出，骂道："郦生这个书呆子，差点坏了我的大事！"说罢，下令将制好

的印玺销毁。

张良劝阻刘邦分封六国，不仅避免了众立诸王所带来的未知变故，而且为战胜项羽以后的统一全国消除了阻力。张良的分析，真是字字珠玑、精妙至极，且切中要害。他看到古今时移势异，因而得出绝不能照抄照搬"古圣先贤"之法的结论。尤其重要的是，张良认为封土赐爵是一种很有吸引力的奖掖手段，赏赐给战争中的有功之臣，用以鼓励天下将士追随汉王，使分封成为一种维系将士之心的重要措施。如果反其道而行之，还靠什么激励将士从而取得胜利呢？张良鞭辟入里的分析，较之昔日请立韩王，处心积虑地"复韩"的思想认识，显然是一个飞跃，这在中国古代政治思想史上占有重要一页。难怪 1700 年之后，还被明人李贽情不自禁地赞叹为"快论"。

# 四、楚汉争霸

## （一）纪信救主　巧夺兵权

汉军被围于荥阳，粮道断绝，苦于无计。这时手下重臣纪信说："现在最要紧的是大王的安全。常言说，留得青山在，不怕没柴烧。即使荥阳丢失，守卫荥阳的汉军兵败失散，只要有大王在，就可以树立旗帜，重建队伍，与楚王再战。末将想出一法，定然可以骗过楚军，使大王安全出城。"然后如此这般地说了一番。刘邦听了，眼含泪水。站在一旁的张良也为之动容。刘邦静默良久，终于同意了。

张良见刘邦采纳了纪信的意见，商议了一下，迅速草写了一封降书，就遣使出城，送给项羽。项羽打开书信，上写的是，汉军已到山穷水尽的地步，为使城中房舍免遭战火焚烧，城中百姓不再受战争之苦，双方将士不再相互屠杀，

汉王愿今夜从东门而出，献城乞降，盼项王开恩接纳。项王读罢大喜，汉王要献城乞降的消息也在军中传开，他们眼巴巴地等待着夜幕的降临。

夜半时分，荥阳城东门果然打开，许多妇女儿童从城中走出。楚军兵士担心有诈，特别是怕汉王混在百姓之中跑掉。问及出城理由，都说："汉军守城多日，百姓们也曾全力协助。时至今日，胜利无望，汉王情愿投降项王，并将曾协助过汉军的百姓也交给了楚军发落。汉

王让我们先走一步，他随后就到。"

楚军听了，便分立两旁，让开行路。一时间，东门外人马蜂拥，把其他三门处的楚军也都招引过来。这时，突见身披铠甲的武士列队而出，武士的后面是一辆装饰华丽的车子。军士们一拥而上，争相观看汉王的模样。项羽借火把观看，不仅大吃一惊：这哪里是什么汉王，不过是汉将纪信！项羽厉声喝问："你胆敢假冒汉王！汉王哪里去了？"

纪信从容答道："汉王肩负大任，岂肯轻易降你。在围城楚军聚集到东门之时，汉王已经从西门脱身出围了。"

项羽闻听，暴跳如雷，下令楚军纵火烧死了纪信。就这样，忠义的纪信被项羽残暴地杀害。

且说刘邦狼狈逃回关中后，命萧何迅速征召了几万军队，攻打成皋，以解荥阳之围。但项羽得知刘邦脱险，盛怒之下很快攻占了荥阳，并准备向成皋进军。军情传入成皋，刘邦不免大惊，自思荥阳已失，成皋难保，便趁着天色未明，逃出北门，直到黄河岸边。面对滔滔河水，刘邦茫然无措，张良道："臣闻

陈余、赵王歇兵败之后，赵地并未平静，大将军韩信仍然驻军赵地，与张耳四处剿扶。过河就是赵地，我们不如先找到韩信，再图后事。"

刘邦闻罢，只好依张良之言，找了渡船，渡过黄河，行至修武城。此时韩信军营正在修武，刘邦不禁喜出望外，就想立刻去见他。张良及时制止说："韩信离开大王已经很久了，一直没有联系，现在他手握重兵，又有大将军印。而大

王却是孤身一人，万一韩信起了歹心，后果不堪设想。"经张良一说，刘邦不禁也害怕起来。张良想了一个办法，向刘邦交代明白，然后说："如此这般，即可成功。"

第二天清晨，刘邦与夏侯婴径直来到韩信、张耳的军营中，谎称奉汉王之命，有急事要报大将军。营兵听说有王命，不敢阻拦，只说大将军尚未起床，须入营禀报。刘邦并不多说，而是急步进入内帐。内帐卫士认出是汉王，慌忙行礼。刘邦赶忙摆手，示意他不要声张，并命其引入韩信卧室。此时，韩信还在睡梦之中，刘邦悄悄走到塌旁，见案上

摆放着兵符，当即拿到手中，走出帐来，命军吏传召诸将。诸将还以为是韩信临时点兵，急忙赶来，见是汉王手握兵符，都慌忙跪拜。

韩信、张耳被唤醒后出帐，却见诸将跪伏，而接受跪伏的竟是汉王刘邦，忙伏地请罪道："臣等不知大王驾到，有失远迎，罪该万死！"

刘邦笑道："大将军请起。在外领兵，军情复杂，要事事小心才是啊！"

韩信、张耳羞得满脸通红。还以为大王有重兵到了赵地，所以不敢抬头，只是连连称是。

刘邦扶起韩信，问道："寡人准许大将军灭燕伐齐，然后会攻楚国，怎么现在还停滞在赵地呢？"

韩信恐慌道："只是因为赵地尚未平定，臣担心率兵东进会腹背受敌。今幸有大王在这里，臣当引兵东去伐齐。"

刘邦应承道："大将军所言极是。不过现在局势有变，故特命张耳率领本部速回赵都镇守；拜大将军为汉相国，在赵地另募兵丁东伐齐国；驻守修武的将士留下来，由寡人率领，迎战楚军精锐。"

蒙在鼓里的韩信本来就为刘邦的突然到来惶恐不安，现在又被拜为汉相国，自然心甘情愿地将自己的军队交给汉王，辞别而去，另招兵马，准备攻击齐国。

这样，刘邦遵循张良的计策，轻而易举地收了韩信的队伍，顿时精神大振。再次兴兵进攻成皋。

此时刚刚平定梁地的项王，忽闻成皋再次失守，立即率楚军主力再次西上，

与刘邦决战。此次西来，项羽并没有时间做充足的物质准备，只是急想与刘邦尽早决战。可是刘邦占据险要位置，又有充足的粮食，就是坚守，避而不战。

转眼几个月过去了，楚军的粮食已经渐渐不足，不能再拖下去了。项羽想起刘邦的父亲、妻子，便下令将太公（刘邦的父亲）押到阵前，放在一个宰猪案上，恶狠狠地说："刘季! 你再不投降，我就把你老子剁成肉酱!"

刘邦见此情形，大吃一惊。张良却安慰道："大王不必惊慌。项王因为我军坚不出战，才想到这么个馊主意，我们

万万不能上当啊。再说项羽身边还有项伯。项伯是项王的叔父，又与大王结成了儿女姻亲，此人处事谨慎，料事周到，定然会劝阻项王，不会真的杀掉太公的。"

刘邦听了，才强打精神，对着项羽冷冷地说："当初为推翻暴秦，我和你一起举义，曾结拜为兄弟。我的老子就是你的老子，你如果忍心把你我的老子做成肉羹，就请分我一碗尝尝。"

项羽不料刘邦耍无赖，气急就要杀死太公。项伯赶忙劝阻道："楚汉相争，

胜负还很难料定。你现在杀死了太公，不但不能挫伤汉军的锐气，反而会给自己留下一个坏名声。而留着太公，倒还可以时时牵制汉王。"

项羽无奈，只好听从项伯的劝告，命人将太公重新押回军营。随后又派使者向汉王挑衅说："现在天下汹汹，百姓不宁，无非是因为我们两个人互不相让。我愿意和你一决雌雄，以免天下的父子兄弟都白白被你我弄得疲惫不堪。"

刘邦明知项羽天生神力，自然不会同意单打独斗，便笑着回答使者说："我情愿斗智，不想斗力。"

项羽无计可施，命令几名壮士出营挑战。汉军营中走出来一位名叫楼烦的射手应战，只几个回合，楚军壮士都被楼烦射杀。

项羽大怒，亲自披甲挑战。楼烦又想射箭，项羽两只铜铃大眼一瞪，大喝一声，竟将楼烦吓呆了。楼烦目不能视，手不能射，逃入营垒，再也不敢出来。

刘邦见楼烦吓成这副模样，自然更不会应战项羽的挑衅，只是说："项

羽，你知道你犯了十条大罪吗？第一大罪是负约。当初我与你同时受命于怀王，约定先入关中者王，你却负约逼我到蜀汉。第二大罪，你自处尊位。第三大罪，救赵以后，你不复命，却劫持诸侯入关。第四大罪，怀王指示入秦以后不得暴掠，你却烧秦宫室，抢走财宝。第五大罪，杀死已经投降的秦王子婴。第六大罪，以欺诈手段坑杀秦子弟二十万人于新安。第七大罪，将最好的地盘分封给自己的将领，而放逐、迁徙原诸侯王，令各诸侯国争斗不休。第八大罪，将义帝逐出

彭城，自占彭城为都，夺韩王的土地，又占梁楚之地为王。第九大罪，派人暗杀义帝于江南。第十大罪，为人臣而杀其主，杀害已降，为政不公，主约不信，大逆不道，天理难容。"

项羽大怒，伏弩射中刘邦，乘势冲杀过来。

刘邦胸部中箭，怕士气受挫，用手摸脚，嚷道："贼子射中我的脚趾了。"

回营后，刘邦伤口疼痛不已，卧床不起。张良担心楚军乘势进攻，劝刘邦勉强起来慰问看望将士，以安定军心。然后，才驰往成皋。

## （二）抚慰韩彭 垓下之战

正值刘邦与项羽在西线对峙的时

候，东线战场形势却在急剧变化。在梁
地，彭越屡次袭击楚军，断绝广武一线
楚军的粮食供给。在齐地，韩信顺利进
军，势如破竹。他先是平定了魏、代、赵、
燕等地，接着又占据了齐国的故地，这
些都对楚军造成了巨大的威胁。

　　韩信定齐以后，名闻天下。他派人
致函刘邦说："齐国人诡诈多变，这是
个反复无常、难以控制的国家，而且又
南临楚国，如果不设立一个名义上的齐

王，局势很难安定。现在我的权力太小，只是韩国的一个相国，不足以安定局面，请大王立我为假齐王。"

此时刘邦的箭伤刚刚稳定，见是韩信使者送书要求封王，大怒，骂道："我如今被围于广武，日夜盼他韩信前来援助我，他却想自立为王! 真气煞我也。"

张良见刘邦骂韩信，非同小可，慌

忙从刘邦身后轻轻地碰刘邦的脚，小声对他说："现今汉军困于广武，您能禁止韩信自立为王吗？不如依他，好好待他，命他守住齐地，否则，立刻会发生变故！"

刘邦马上领会了张良的意图，转口骂道："大丈夫平定诸侯，立下大功，要做就做真王，何必做什么假王！"刘邦本来就爱骂人，有此一骂本不足为奇，况且先后衔接自然，天衣无缝，竟然没露出什么破绽。

骂完，当场派张良为特使，前往临淄封韩信为齐王，并征派韩信的军队进攻楚国。

授印齐王，虽然是刘邦对韩信的暂时妥协，但这个顺水人情和权宜之计，居然笼住了韩信，成功地解决了汉内部的权位矛盾，赢得了楚汉天平上关键的一个筹码。对此，东汉荀悦曾有一句极为中肯的评价，他说："取非其有（指齐地本非刘邦所有）以予于人，行虚惠而获实福。"稳住韩信以后，楚汉战争的形势发生了重大的转折。

汉四年（公元前203年）七月，刘邦又封英布为淮南王。同时下令，军士不幸死亡的，上司要为他敛尸于棺，转送到死亡军士的家中，这一政策大得人心。

这时的项羽却真正地感到了自己的失道寡助，终归斗不过刘邦。加上彭越的骚扰，军粮供应日益吃紧，韩信、樊

哙从东面进击楚国，后方形势吃紧，项羽心中充满焦虑和担忧。

不过刘邦屯兵广武，旷日持久，也早已疲惫。同时，刘邦的父亲、妻子一直作为人质被扣留楚军，随时可能有不测。于是刘邦派人与项羽谈判，双方约定，中分天下，分割鸿沟以西地方归汉，以东地区属楚，项羽送还刘邦的父亲、妻子，从此罢战休兵，项羽于九月向东撤兵。

刘邦接回父亲和妻子，见项羽军队如约东撤，也打算向西撤兵。张良却劝

阻刘邦说："眼下汉军已经占有大半天下，而各地诸侯也归附于汉。楚国则士卒疲惫，军粮殆尽。这正是灭亡楚国的大好时机啊。如果不乘此良机一鼓作气攻取楚国，就会养虎为患，祸害无穷！"

刘邦再一次听从了张良的建议。

汉五年（公元前 202 年）十月，刘邦通知彭越、韩信，共击楚军。自己亲率大军追击楚军至阳夏（今河南太康）南部，再进至固陵，却未见韩信、彭越军队前来参战，结果被楚军打得大败。汉军只好退入壁垒坚守。

针对彭越、韩信的不受命出兵，张良心知肚明，便建议刘邦道："夫主将之法，务揽英雄之心。现在，破楚在即，韩信、彭越却不出兵，只不过是想增加自己的封地罢了。大王若肯与他们共有天下之地，分割而封之，他们肯定会立即前来。齐王韩信，是他自己向大王提出要求封他为王的，并非大王主动授予，

所以韩信虽然做了齐王，心中却不踏实。平定梁地，本来是仰仗彭越，但当初大王因为魏王豹是真正的魏王后代，只拜彭越为魏相国，以魏豹为王。而今魏豹已死，彭越自然也想称王，大王却迟迟不予分封。现在大王不妨封彭越为梁王，将睢阳（今河南商丘县南）以北到谷城（今山东东阿县）的地区封给他，再把陈以东直到沿海封给韩信。如果这样分封，那么他们必然立刻前来，灭楚也就指日

可待了。"

刘邦依张良的对策，再派使者封王加地，果然，韩信、彭越很快引兵前来。于是，在十二月，刘邦调集的韩信、彭越、英布、刘贾各路军队四十多万，将项羽包围于垓下。楚军只有十万，陷入重重包围之中，军粮断绝，屡战不胜。

入夜，项羽在帐中听楚军营外四面楚歌，大惊。此时项羽最爱的美人虞姬自刎而亡。项羽悲愤万分，翻身上马，

带领八百骑士，连夜冲出了重围。

天亮后，汉军发现项羽已突围，便令灌婴领五千骑追击。

至东城（今安徽定远县东南），项羽环顾左右，只剩下二十八骑，而追兵却是黑压压的一大片。

项羽自知无法脱身，对骑士们说："我起兵至今已八年，身经七十余战。所当者破，所击者服，未曾败北，得以称霸天下。然而今天终于被困于此，此天亡我，非作战之过失! 今天我已必死，但在死前我仍要三胜敌军，斩敌将，砍敌旗，然后死。令诸位知道是天亡我，而非我用兵不当。"

说罢，冲杀追兵。几经作战，项羽杀汉军数百人，自己也有十余处受伤。看到眼前汉军将领吕马童面熟，便对他说 :"你我相识吗? "

马童不敢正视，对王翳说 :"这便是项王。"

项羽说："听说汉王以千金和封邑万户求购我的头颅，我这就给你吧。"于是横剑自刎。中国历史上的悲剧英雄——项羽就此走完了自己史诗般的生命历程。长达四年之久的楚汉战争，最终以刘邦的胜利而告终。

汉五年二月，刘邦正式即帝位，史称汉高祖。同年五月，汉高祖在洛阳南宫举行庆功大典，大宴群臣。席间，觥筹交错，君臣共饮。刘邦显得特别高兴，当论及楚所以失天下，汉

所以得天下时，刘邦道出其中的关键在于并用三杰（即萧何、张良、韩信）。他语中盛赞张良道："运筹帷幄之中，决胜千里之外，吾不如子房（张良的字）。"

# 五、传奇人生

## （一）劝都关中　谏封雍齿

刘邦在楚汉之争中胜出后，面临的最大任务便是建立新政权。在政权所在地的选择上，刘邦同样也是依靠张良决策。

当时，有一名戍卒娄敬，他路过洛阳时，通过虞将军的引见面谒刘邦，劝说刘邦迁离洛阳，定都关中。

刘邦认为定都之事关系重大，于是召集群臣商议。群臣多数是关东人，当然不愿意离开洛阳去关中了，他们说："洛阳东有成皋，西有崤山和渑池隘道，背倚黄河向洛水，同样有险可守，无须定都关中。而且周朝建都洛阳，国运数百年之久；秦朝建都关中只传两世即灭亡，哪个有利哪个有弊，这是很明显的。"

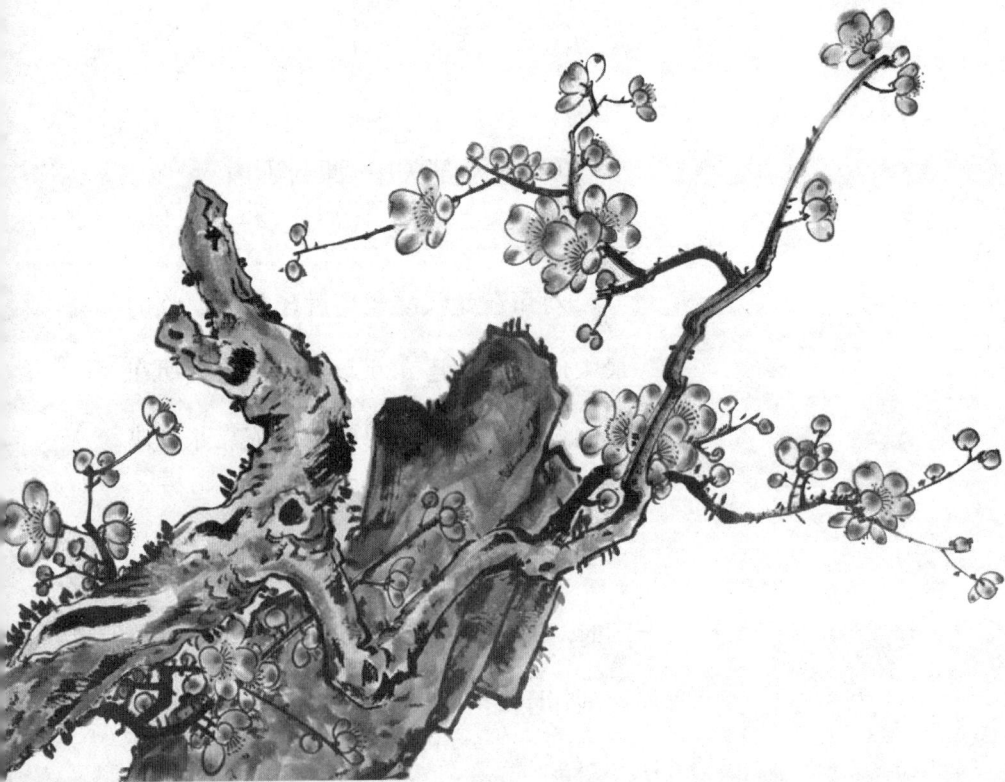

　　刘邦心中很难抉择，再次想到了张良。

　　张良向刘邦分析说："洛阳诚然东有成皋，西有崤山和渑池，背靠黄河，面向洛水，有险固之处，但是洛阳地区地域太狭小，方圆不过数百里，而且土地贫瘠，出产不多，又四面受敌，不适合作为都城。关中地区，左有崤山、函谷关天险，右有陇蜀的塞隘；中部平原，沃野千里；南面的巴蜀地区资源丰富，北面又适于畜牧。西面、南面、北面都是天然的屏障，只须少量军队就可以固守，只有东部地区面对诸侯，所受军事威胁要小很多。在诸侯安定的时候，诸侯的粮食物品可以沿着黄河、渭水大量供给关中京师。而一旦诸侯有变，关中军粮充足，便可以顺流而下，提供军输。所以，关中地区，可以说是金城千里、天府之国，娄敬建议定都关中是对的。"

张良看问题，总具有全局的、战略

的眼光。他的每一次分析都全面透彻，堪称完美无缺。听完张良的意见，刘邦心中的疑虑尽消，即刻下令建都长安。

实际上，张良肯定娄敬建都长安的建议，对稳定新生的汉政权，确有战略意义。因为，刘邦先后分封了许多诸侯王，即楚王韩信、淮南王英布、梁王彭越、赵王张敖、韩王信、衡山王吴芮、闽越王无诸、南越王赵佗等。这些诸侯王中，除吴芮、无诸、赵佗在本国起保境安民的作用外，其余诸王都拥有强大

的兵力，各据一方，可与朝廷对峙抗争。而刘邦也以这些诸侯王的势力为心腹大患，并用了七年的时间，处心积虑地将他们一一消灭。

汉六年（公元前201年）分封功臣。虽然张良从未单独带兵打仗，但刘邦不顾群臣争议，封张良三万户，由他本人在齐国地区挑选。

张良从来不在乎利禄，他婉转地答谢说："当年臣下在下邳起事，得幸与皇上相会于去留城的路上，这是上天把臣下我授给陛下，以辅佐陛下为民除暴解危。此后，陛下采纳臣下的计谋，幸而不时起到积极作用，如陛下因此要分封臣下，那就将我与陛下第一次相会的地方，也就是留邑，封给臣下，臣下就满足了。三万户之封，臣不敢当！”

刘邦了解张良的脾气，便按照张良的意思，封留邑给张良，称留侯。

但是，随后刘邦才封了二十余人，就无法分封下去了。因为大家都为分封争吵不休，难有分晓。

有一天，刘邦与张良在洛阳南宫旁漫步，远远地看见一些将领三五成群地聚在一起商量什么。刘邦便问：“那些人神神秘秘的，在做什么呢？”

张良对这些将领们的心态都了如指掌，回答道：“陛下还没有注意到吗？他们是想谋反呢。”

刘邦有些惊讶，问：“现在天下刚开始安定，为什么又要谋反呢？”

张良于是停下脚步，对刘邦分析道：

"在开始起事反秦的时候，陛下与这帮将领们一样都是老百姓，出身低微。如今您做了天子，您所封的是像萧何、曹参等那帮亲人，所诛杀的是平生仇怨之人。这段日子军吏都在核对功绩，可以肯定，天下虽大，也不足以令所有的将士得到分封。这些人半生戎马，流血流汗，却不一定得到分赏，说不定还会因为什么小过错就被陛下诛杀，心里当然不服。于是就相聚想要谋反了。"

刘邦又问怎么办。张良反问刘邦："群臣上下，人人都知道，您生平最讨厌的人是谁？"

刘邦说："那就是雍齿了。雍齿与我有旧怨，还屡次当众侮辱我。我真想杀了他，只是由于他立下不少功劳，不忍杀。"

张良马上接着说："请陛下立即先封雍齿。这就可以做给群臣看，让他们知道您封赏了自己最讨厌的一个功臣。这样，其他有小过失而惧怕您疑心诛杀的人，就可以放心，不会再谋反了。"

刘邦当即降旨设宴，宣布封雍齿为什方侯，并令丞相御史尽快办理定功行封的手续。宴会散后，群臣心情轻松多了，大家都高兴地说："连雍齿这种被皇上讨厌的人都分封为侯了，我们还紧张什么呢？"

张良此举，不仅纠正了刘邦任人唯亲、徇私行赏的弊端，而且轻而易举地缓和了矛盾，避免了一场可能发生的动乱。他这种安一仇而坚众心的权术，也常常为后世政客们如法炮制。

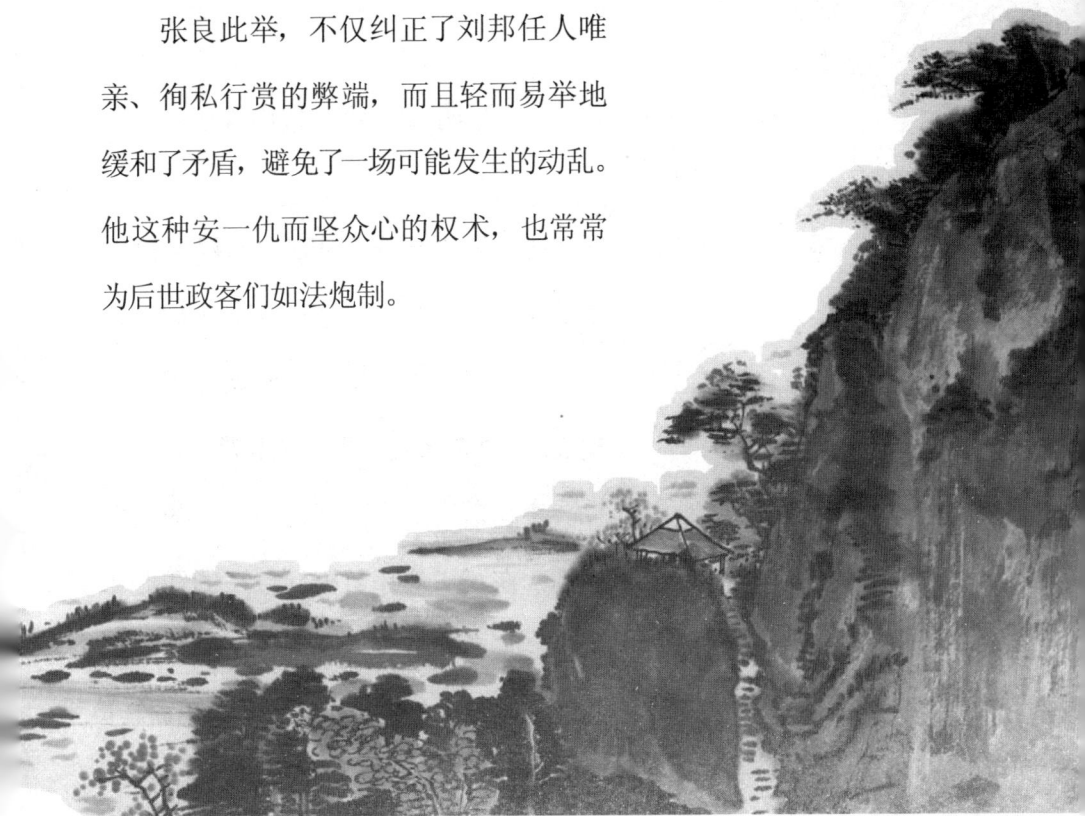

（二）明哲保身　传奇人生

　　张良素来体弱多病，自从汉高祖入都关中，天下初定，他便托辞多病，闭门不出。随着刘邦皇位的渐次稳固，张良逐步从"帝者师"退居"帝者宾"的地位，遵循着可有可无、时进时止的处事原则。在汉初刘邦剪灭异姓王的残酷斗争中，张良极少参与谋划。在西汉皇室的明争暗斗中，张良也恪守"疏不问亲"的遗训。

　　张良自从随刘邦迁都长安以后，即告病不问政事。他还解释说："先祖先父都曾经是韩国的宰相，韩国被灭后，我散尽万贯家财，为国人报仇。现在凭三寸不烂之舌，居然成为帝王的左右，受封万户，位为列侯。对一个士人来说，算是走到了巅峰，应该知足了。从此以后，我要舍弃一切世俗事务，悠闲地追随赤松子修道。"

看到汉朝政权日益巩固，国家大事有人筹划，自己"为韩报仇强秦"的政治目的和"封万户、位列侯"的个人目标亦已达到，一生的夙愿基本满足。再加上身染病患，体弱多疾，又目睹彭越、韩信等有功之臣的悲惨结局，联想范蠡、文种兴越后的或逃或死，深悟"狡兔死，走狗烹；飞鸟尽，良弓藏；敌国破，谋臣亡"的哲理，惧怕既得利益的复失，更害怕韩信等人的命运落到自己身上，张良乃自请告退，摒弃人间万事，专心修道养精，崇信黄老之学，静居行气，欲轻身成仙。

但吕后感德张良，劝他毋自苦，张良最后还是听从了劝告，没有遁入空门。

以后，他真的很少出门，一心在家练习导引、辟谷之术，独自享受怡然自得的人生。

张良不仅有高明的处世策略，还有卓越的生活态度。不过，即便是张良如此想要超脱凡俗，寻找自我，也很难真正逃脱世事纠缠。

汉王七年（公元前 200 年），由于太子的废立问题，张良又被牵入政治。

这年前后，刘邦一心想废太子刘盈，改立自己宠爱的戚夫人所生的儿子赵王如意为太子。大臣们极力反对，但没有效果。刘盈的母亲吕后很是焦急，不知道该怎么办。

这是有人提醒吕后说："留侯子房先生足智多谋，皇上对他的话言听计从。"吕后便派自己的弟弟建成侯吕泽专程找张良求教。

张良是宣称不见任何人的，吕泽只好强行闯入张良的庭院。见张良在练功，急切的吕泽也不讲客套，劈头就说："先生经常为皇上谋划，现在皇上要改立太子，您难道可以不闻不问吗？"

张良马上解释问题的要害，道："过去我幸而能为皇上谋划，而且得到皇上的信任，是由于那时皇上常常处于困难之中。现在天下安定，皇上是出于感情想改立太子。骨肉之间的事情，就是有一百个张良去劝说皇帝，也不会有效果的。"

吕泽仍然赖着要张良替他出个主意，近乎哀求，于是张良说："其实，这件事真是无法以口舌雄辩去解决。我知道有四位隐士，年岁都很大了，皇上对他们极为尊敬，有几次要请他们出山任职，为朝廷服务，他们都因为皇帝怠慢士人，逃匿山中，不愿出山做官。然而皇上仍然敬重他们。现在，你若能不吝惜金玉璧帛，派说客带上太子的亲笔信函，以谦卑的言辞、上等的车马去迎请四隐士，他们应该会来。等请了四隐士来，找个机会带他们上朝，让皇帝见到他们，应该会对太子有些帮助。"

这四名隐士，就是历史上的"商山四皓"。

一日，刘邦在宫中举行宴会。饮酒时，太子刘盈前来侍候，身后跟着进来四位须发皆白、神态飘逸的老者。刘邦一看，觉得奇怪，就问："这几位老先生是谁？"

商山四皓见刘邦问话，当即回答："臣等四人是'商山四皓'。"

刘邦听了他们的名字，再一一看过四人，更是大为惊讶，说："我三番五次邀请你们出山，你们避开我，回绝我，如今你们为何不请自来，追随我的儿子？"

四人回答说："陛下轻视士人，又喜

欢骂人，我们忍受不了轻蔑侮辱，所以不敢应召，宁愿避居深山。如今听说太子仁义孝顺，待人和气，敬爱士人，天下人莫不愿追随太子。所以我们相约前来。"

刘邦万万没有想到隐居商山的四位名士会前来投效太子刘盈，又想起元老大臣，尤其是张良，都反对自己改立太子，

感到事情已经到了难以改易的地步，便对商山四皓表示："既然如此，就烦请四位老先生好好照顾调教太子吧。"

宴会结束，商山四皓随太子谢宴而出。刘邦看着四人的背影，对身边的戚夫人说："我们一直准备改立太子，但你看，太子有'商山四皓'这样的长者辅佐，羽翼已成，势难改动了。"于是，打消了

改立太子的念头。

改立太子风波过去之后，张良干脆离开长安，告病还乡，隐居于屯留县东北的白云山中。

纵观张良的一生，不仅在臣子间受人敬仰，与人无隙，在君主心中也是一个一尘不染、超然洒脱的人物。因而在中国历史上，张良便成为一个具有传奇色彩的人物。

张良是汉初功臣中为数不多能得善终的人之一。刘邦建汉以后，不仅那些中途加入其阵营、关系较疏远的将领如韩信、英布、彭越遭受厄运，身亡族灭，就连那些与其关系亲密的人也不免被关押、抓捕的命运。张良的一生为何如此完美呢？首先恐怕是由于他树立了远大的理想。张良热爱自己的祖国和人民，在淮阳学礼，他就认同儒学理性学说，深明"盛衰之根源，治国之纲纪"。其次与他的智慧有关，张良的知识结构很完美。他的社会理想、文明追求来自儒学；他的战略理论来自兵家；他的赏罚严明

的精神来自法家；而他的超脱的人生态度则来自道家。像这样，对前人的丰富多彩的文化遗产能兼收并蓄、取其所需、善加运用的，张良可谓千古一人。

张良的卒年，《史记》记为高后二年（公元前 186 年），《汉书》记为汉惠帝六年（公元前 189 年），此处存疑。

张良的晚年活动鲜为人知，所以被人们蒙上一层神秘色彩。而张良死后究竟葬于何处，也成为千古之谜。

　　关于张良的墓地，人们曾有多种猜测。一种观点认为，张良墓地在今河南省兰考县。兰考县城西南六公里的三义寨乡曹辛庄车站南侧，紧靠陇海铁路确有一座张良墓，墓冢高 10 米，周围长 100 米，保护区面积 35000 平方米。周围古柏环绕，郁郁葱葱，似有一定来历。另一种观点认为，刘邦死后，吕氏专权，张良便托病隐居于东昏县（今河南兰考）西南的白云山，死后就葬于该地。后世的戏曲、小说也有相似的描写，说张良

纳还冠盖，辞朝学道，刘邦追至白云山，张良幻化而去，从此不知下落。可见这种看法是有所依据的。第三种观点认为，张良墓地在今徐州沛县。据唐代《括地志》记载："汉张良墓在徐州沛县东六十五里，与留城相近也。"又载："故留城在徐州沛县东南五十五里，今城内有张良庙也。"当初刘邦封侯的时候，曾许诺让张良"自择齐三万户"。但张良以在留城与刘邦首次相见为理由，要求封给他留城。既然封地在留，死后便理应葬于留城附近。这一看法以唐代文献为依据，且与史实较接近，也有一定说服力。还有人认为，张良墓地在今湖南张家界的青岩山。当地山水奇丽、林木清幽，是著名的风景区。据《仙释志》记载："张良，相传从赤松子游。有墓在青岩山，时隐时现。"《陵墓志》也记载："汉留侯张良墓，在青岩山。良得黄石公书后，从赤松子游。"邑中天门、青岩各山，多存遗迹。核以史实，张良确实曾在封侯之初，便向刘邦作了"愿弃人间事，欲从赤松子游"的表白。综合上述记载，

说他晚年前往景色秀美的青岩山，隐居学道，死后即葬于该地，并不是不可能的。

张良虽是文弱之士，不曾挥戈迎战，却以军士谋略家著称。他一生反秦扶汉，功不可灭；筹划大事，事毕竟成。历来史家，无不倾墨记载他那深邃的才智，极口称赞他那神妙的权谋。北宋政治家

王安石曾写诗赞道："汉业存亡俯仰中，留侯于此每从容。固陵始议韩彭地，复道方图雍齿封。"我们应该肯定张良的一生有助于秦亡汉立的历史进程，他在中国历史中的地位也值得我们重视，尽管人们对他还有非议，或者至少存在值得探讨的地方，比如前期反秦的动机及其暗杀秦王的不正当行为，但人无完人，不能以偏概全地刻意要求张良完美。

数百年后，李白曾路过下邳，感慨

张良一生，境由心生，作诗道：

子房未虎啸，破产不为家。

沧海得壮士，椎秦博浪沙。

报韩虽不成，天地皆振动。

潜匿游下邳，岂曰非智勇？

我来圮桥上，怀古钦英风。

惟见碧流水，曾无黄石公。

叹息此人去，萧条徐泗空。